PANÉGYRIQUE

DE

SAINT FRANÇOIS DE SALES

PRONONCÉ

PAR MGR PAGIS

ÉVÊQUE DE TARENTAISE

DANS LA CATHÉDRALE D'ANNECY

LE 3 FÉVRIER 1884

MOUTIERS

IMPRIMERIE CANE SOEURS, SUCC. DE MARC CANE

1884

PANÉGYRIQUE

DE

SAINT FRANÇOIS DE SALES

PANÉGYRIQUE

DE

SAINT FRANÇOIS DE SALES

PRONONCÉ

PAR MGR PAGIS

ÉVÊQUE DE TARENTAISE

DANS LA CATHÉDRALE D'ANNECY

LE 3 FÉVRIER 1884

MOUTIERS

IMPRIMERIE CANE SŒURS, SUCC. DE MARC CANE

1884

Beati mites, quoniam ipsi possidebunt terram.

« Heureux ceux qui sont doux, car « ils posséderont la terre. »

MATTH. V. 4.

MONSEIGNEUR (1),
MES FRÈRES,

Il y a deux manières de conquérir et de posséder la terre, et il y a, par là même, deux espèces de conquérants.

Les uns disposent de la force et sont puissants par les armes ; ils sèment la terreur devant eux, triomphent sur les champs de bataille, s'emparent des villes, ravagent les provinces, et quand ils ont ainsi étendu les limites de leur empire et courbé sous le joug les nations vaincues, ils se figurent avoir acquis une gloire immortelle ; ils se trompent : s'ils ont conquis la terre, ils ne la possèdent pas, ils ne la gardent pas ; leur victoire passe bientôt en d'autres mains, et de leur prétendue gloire il ne reste qu'un souvenir et même un souvenir odieux, parce qu'il est écrit avec du sang et des larmes. La destinée de ces conquérants n'est donc pas enviable et ce n'est

(1) Mgr. Isoard, évêque d'Annecy.

pas à eux, tant s'en faut, qu'il convient d'appliquer les paroles de la béatitude évangélique : *Quoniam ipsi possidebunt terram.*

Cette béatitude est le privilège d'une autre espèce de conquérants : ceux-ci ne demandent rien à la force, rien aux jeux sanglant des batailles ; leurs victoires sont pacifiques et ne coûtent ni une goutte du sang ni une larme. Au lieu de s'emparer des provinces, ils font la conquête des âmes ; au lieu d'emporter les villes d'assaut, ils pénètrent dans les cœurs ; au lieu de régner par la crainte, ils exercent la royauté de l'affection. Ce ne sont pas des nations humiliées, des peuples vaincus qui subissent leur empire, mais bien des populations confiantés et joyeuses qui les entourent des témoignages touchants de la reconnaissance et de l'amour. Cet empire des âmes et des cœurs, c'est la bonté, c'est la douceur qui le donnent et qui l'assurent pour jamais ; il ne périclite pas, il ne se disloque pas, il ne disparaît pas, comme les empires fondés par la force. Le temps lui-même, ce destructeur brutal, ne peut rien sur lui, et les siècles, au lieu de l'affaiblir, le consolident et le consacrent : heureux donc ceux qui sont doux, car la terre est pour jamais leur conquête : *Beati mites, quoniam ipsi possidebunt terram.*

Parmi ces conquérants de la douceur vous avez déjà placé, M. F., et je place avec vous, en première ligne, notre grand saint de la Savoie, l'Apôtre, l'Evêque, le Docteur dont les œuvres, les vertus, la sainteté, la doctrine, les miracles sont l'éternel honneur de notre pays, l'éternelle gloire de l'Eglise catholique.

Appelé à faire son éloge devant vous, j'ai contemplé longtemps cette radieuse figure de saint François de Sales et je vous avoue mon embarras pour choisir le thème d'un panégyrique : votre saint m'apparaissait avec le reflet divin de toutes les vertus. Il m'a semblé pourtant que toutes les vertus de saint François de Sales avaient un point commun, un même rayonnement, le rayonnement de cette douceur qui fait la conquête de la terre. A mon avis, la douceur résume toute la vie de François ; elle en explique la fécondité merveilleuse ; elle explique de même comment il est le saint le plus populaire, le plus aimé, le plus admiré dans l'Eglise et comment il a conquis l'empire universel des âmes : *Beati mites, quoniam ipsi possidebunt terram.*

François fut *Apôtre* par la douceur, et c'est la douceur qui prépara les succès prodigieux de son apostolat.

Il fut *Evêque* par la douceur, et c'est la douceur qui fit la gloire et la fécondité de son épiscopat.

Il fut *Docteur* par la douceur et c'est encore la douceur, sa douceur doctrinale, qui l'a placé glorieux à côté des docteurs de l'Eglise universelle.

Mon intention est d'exposer devant vous ce triple triomphe de la douceur de saint François de Sales.

Ma tâche est difficile, Monseigneur ; elle est difficile en présence d'un Evêque qui est un maître de la parole et de la plume, dont la douceur méritait de recueillir l'héritage de François de Sales, dont la fermeté courageuse le protège et le défend si bien. Elle est difficile en présence d'un auditoire qui a le droit d'être exigeant, pour avoir entendu, sur le sujet que je vais traiter, de véritables chefs-d'œuvre d'éloquence chrétienne.

Je réclame donc son indulgence, comme la vôtre, Monseigneur ; je demande à saint François de Sales de m'aider et je prie la vierge Marie de bénir mon humble parole : *Ave Maria*, etc.

I

Douceur de l'Apôtre.

Quand je parle de la douceur et que je la considère comme le trait le plus saillant de la figure de saint François de Sales, j'ai besoin de faire entendre la nature de cette vertu, qui est, dans l'Eglise, l'un des plus beaux épanouissements de la sève chrétienne.

Il arrive quelquefois qu'on reçoit de la nature et qu'on développe par l'éducation certaines qualités aimables : un caractère tranquille, une âme bien équilibrée, la bienveillance et la bonté du cœur, et, comme expression physionomique, un visage aux lignes calmes, reposées, un regard, un sourire sympathiques. Voilà des qualités très appréciables ; mais elles ne constituent que le degré très inférieur de la douceur chrétienne.

Celle-ci est ordinairement greffée sur la nature, sur une nature heureusement douée ; toutefois elle ne s'épanouit jamais que par la vertu de la sève divine ; elle ne montre ses fleurs et n'exhale ses parfums qu'au soleil de la grâce.

Selon saint François de Sales lui-même elle est moins une vertu spéciale que le beau tempérament de toutes les vertus. « C'est, nous dit-il, une certaine constitution de l'homme intérieur, qui le rend soumis à Dieu, tranquille à lui-même et bienfaisant à l'égard des autres. » Voyez vous la douceur, son triple caractère et son triple effet :

Soumise à Dieu, elle modère, domine, maîtrise tous les mouvements naturels qui ne sont pas selon l'inspiration divine, selon la volonté de Dieu, règle absolue, règle suprême de la vie humaine.

Tranquille à elle-même, elle ne se laisse pas émouvoir par la crainte, ni emporter par la joie, ni décourager par l'épreuve, ni abattre par la tristesse, *aspirant* et *respirant* sans cesse le bon vouloir divin, et, dans ce vouloir, demeurant toujours calme, comme la surface polie d'une mer paisible.

Bienfaisante à l'égard des autres, elle ne croit pas pouvoir s'appartenir à elle-même ; elle a ses racines dans la charité, et son besoin est de se donner, de rayonner, comme le soleil rayonne dans la nature et laisse tomber partout sa lumière et sa chaleur.

Supposez une âme ordonnée selon les lois de cette soumission tranquille et bienfaisante, et vous aurez la douceur, « cette fleur de la charité, dit Bossuet, qui remplit le dedans et répand ensuite sur l'extérieur une grâce simple et sans fard, un air de cordialité tempérée, qui ne respire qu'une affection sainte. »

Telle fut la douceur de François ; elle explique tout en lui ; elle est le ressort divin de cette vie si féconde en prodiges.

Je vais la prendre à ses débuts, portée par le jeune prévôt d'Annecy sur la terre hérétique du Chablais ; vous verrez qu'elle en fut la merveilleuse puissance.

Est-il nécessaire de vous peindre l'état de l'Europe au XVIe siècle ? Ceux qui savent l'histoire ne se rappellent pas, sans tristesse, cette période de bouleversement dans l'ordre religieux, et par contre-coup nécessaire, dans l'ordre politique et social.

Un homme était apparu, un de ces hommes que Dieu tient en réserve dans les trésors de sa colère, pour châtier les nations coupables, un moine, un apostat, et sortant du cloître, pour se montrer avec audace, sur une place publique, il avait jeté au vicaire de Dieu sur la terre une parole d'orgueil et d'insolent défi, la même que l'archange rebelle jetait au Dieu trois fois saint, dans les hauteurs des cieux : *Non serviam!* je suis las d'obéir : je n'obéirai plus !

Ce qui arriva, vous le savez : de même qu'autour de l'ange révolté s'étaient groupées des légions d'anges rebelles, de même autour de ce moine, insurgé contre le Pape, à l'âme frémissante de haine, à la parole ardente, à l'éloquence de tribun, vinrent se ranger toutes les corruptions du siècle et de l'Eglise : les basses convoitises amenaient les peuples ; l'ambition conduisait les princes et les rois, et la lutte s'engagea, lutte terrible, lutte d'un siècle, où entrèrent en bataille toutes les forces de l'enfer et du monde contre Dieu et contre son Christ.

L'Eglise et la papauté ne pouvaient pas périr ; elles ont l'une et l'autre des promesses d'immortalité ; mais l'ébranlement fut profond ; profondes aussi furent les blessures de l'épouse du Christ dont l'hérésie ne déchira jamais, avec plus de rage, le royal manteau.

Terre catholique de Savoie, rives enchanteresses du Léman, vous ne futes pas épargnées, et sur vos montagnes pittoresques, et sur les bords de vos grands lacs et au fond de vos vallées verdoyantes, l'hérésie planta son drapeau et vous eûtes un spectacle de désolation : vos Eglises renversées, vos autels profanés, vos prêtres massacrés, vos châteaux réduits en cendres, et sur vos places, sur vos chemins, le gibet se dressant au lieu du signe sacré de la rédemption. Au milieu des populations, trompées, abusées, terrorisées, s'il restait encore quelques rares fidèles, ils pleuraient, en face de tant de ruines, et répétaient avec douleur les gémissements du prophète : *Viæ Sion lugent !* les chemins de Sion, les chemins de nos temples pleurent, car il n'y a plus personne qui vienne à nos solennités saintes !

Pauvres abandonnés, consolez-vous : la rosée viendra sur vos campagnes désolées, et le juste, qui doit vous sauver, ne tardera pas à paraître.

Nous sommes à la fin du XVIe siècle. Voici un seigneur de vieille souche : il est à la fleur de l'âge ; il a 27 ans, tous les avantages de la naissance, tous les dons de la nature, toutes les qualités de l'esprit et du cœur. Aucun succès n'a manqué à sa première jeunesse ; il a fait l'admiration de l'université de Paris, la gloire de celle de Padoue ; Chambéry le réclame, et le sénat de Savoie l'appelle dans son sein. Le jeune gentilhomme résiste à toutes les séductions, à toutes les promesses de gloire et de bonheur, et, tournant résolument le dos au monde, il marche droit vers Dieu : il reçoit de lui les livrées de la pauvreté sacerdotale, et, un jour, on le voit partir d'Annecy, comme autrefois les Apôtres partirent de Jérusalem, un bâton à la main, sans une pièce d'argent, dans le dénûment le plus complet. Et où va-t-il donc ce prêtre gentilhomme ? où va-t-il ? ah ! son ambition est vaste ; elle est téméraire : il va tout seul à la conquête du Chablais.

Je vous salue, noble missionnaire, et je vous contemple avec admiration, car ils sont beaux les pieds de ceux qui portent aux peuples égarés la bonne nouvelle et les joies de la paix : *Quam pulchri pedes evangelizantium pacem, evangelizantium bona!* mais je tremble devant votre audace et le péril de votre colossale entreprise.

Remarquez bien ceci, M. F. : Il est aisé jusqu'à un certain point, de convertir les infidèles, car la lumière saisit, subjugue ceux qu'elle frappe pour la première fois, et il se dégage de la croix une vertu magique à laquelle le païen ne sait pas résister.

Il est encore aisé de convertir un pécheur, même endurci, un voluptueux, un libertin. En cette œuvre de retour l'apôtre a toujours pour auxiliaires le malaise et le trouble qui s'attachent à la passion, le remords qu'elle fait naître, la satiété qu'elle produit, le dégoût qu'elle engendre.

Mais convertir l'hérétique, voilà l'œuvre des œuvres ; l'hérétique a fermé les yeux à la lumière : c'est le pire des aveugles, car il est aveugle volontaire ; il a goûté le don de Dieu, et, malgré la saveur divine de ce don céleste, il l'a rejeté de sa bouche et il se nourrit d'idées fausses, d'opinions erronées, de préjugés, de haine, comme certains malades se nourrissent de poison.

Remarquez encore, je vous prie, que l'hérésie protestante était alors dans toute sa vigueur. L'hérésie vieillit ordinairement très vite, parce qu'elle est toujours atteinte d'une maladie constitutionnelle, la maladie de l'erreur, dont elle meurt tôt ou tard. C'est ainsi que nous avons vu le protestantisme se désagréger, se diviser, se morceler en mille sectes, se perdre enfin et disparaître dans les bas fonds de la libre-pensée et de la Franc-maçonnerie. Mais à l'époque où François lui livra bataille, il avait toute l'ardeur, les espérances et l'ambition de la jeunesse.

Voilà donc l'ennemi avec lequel le jeune prévôt d'Annecy va se mesurer ; et, pour le combattre, il se présente tout seul, sans armes, sans défense. C'est un agneau qui s'aventure au milieu des loups : et que peut-il attendre, sinon d'être dévoré ? Eh bien, toutes les prévisions humaines seront confondues : c'est parce qu'il est un agneau, qu'il vaincra et qu'il s'emparera de tout ce pays hérétique : *Agnum dominatorem terrœ. Agnum*, c'est l'agneau, la douceur de l'agneau : voilà le moyen : *Dominatorem terrœ* ; la conquête du pays tout entier : voilà le résultat et vous allez en juger.

A peine arrivé à Thonon, où il y avait en tout quatorze catholiques, François commence à prêcher ; naturellement on s'étonne, on se moque et on ne vient pas. Les jours, les mois s'écoulent, et le prédicateur perd son temps et sa peine : un autre se découragerait ; François ne donne pas un signe d'impatience-

il attend avec la douceur de l'agneau : *Agnum!* écoutez-le plutôt :

« Les fruits un peu tardifs se conservent mieux que les printanniers. » « Le meûnier ne perd pas son temps, quand il martèle sa meule..... ; employer sa peine pour rien..... me convient à merveille à moi qui ne suis bon qu'à prêcher aux murailles. »

Cependant étonnés de la constance de ce doux apôtre et sous l'empire de cette attraction qu'exerce toujours la bonté, quelques hérétiques vont l'entendre et sa parole les touche et les ébranle. Les ministres avertis ameutent la population : on l'insulte, on le menace, il court le danger d'être écharpé ; autour de lui tout le monde s'effraie ; lui seul demeure calme, dans la sérénité de sa douceur ; c'est toujours l'agneau : *Agnum!* A ceux qui s'indignaient contre la fureur des ministres : « Mettez vous à leur place, dit-il ; celui qui vous ôterait le pain de la bouche, si vous aviez faim, ne vous ferait-il pas crier?...... Prions Dieu pour eux et donnons leur sujet de crier plus fort. »

Pour occuper les loisirs que lui donne la longue résistance de Thonon, il va de temps à autre évangéliser les habitants des campagnes ; il gravit, pendant l'hiver, des pentes inaccessibles ; ses pieds sont blessés, meurtris, gelés, et la neige est rougie de son sang. Une nuit il s'égare dans les bois et pour échapper aux loups, dont il entend les hurlements, il est obligé de monter sur un arbre et de s'attacher aux branches avec sa ceinture. C'est là que des paysans le trouvent, le matin, mourant de froid ; ils l'emportent, le réchauffent et lorsqu'il revient à lui, savez-vous ce qui le préoccupe ?..... uniquement la conversion de ses sauveurs, et il les engage, avec une mansuétude ineffable, à rentrer dans le giron de l'Eglise. Cet agneau peut tout souffrir ; il peut mourir ; la seule chose dont il soit incapable, c'est de se plaindre : *Agnum !*

Les ministres ont compris le danger qui les menace : ils forment le projet de se débarrasser d'un rival redoutable et apostent des assassins sur la route des Allinges. François ne peut manquer de tomber entre leurs mains ; il le sait, on l'a prévenu ; pensez-vous qu'il reculera ? La prudence humaine l'eût conseillé ; telle n'est pas la prudence des saints. Il va droit aux assassins, et sa figure est si rayonnante de douce sécurité, l'onction de sa parole si pénétrante, qu'ils laissent tomber les armes des mains, demandent pardon avec larmes et se convertissent. L'agneau était vainqueur, vainqueur des assassins, comme il l'avait été des éléments : *Agnum !*

Un jour à l'occasion d'une conversion célèbre, et dans cette ville même de Thonon, où il n'y avait encore qu'un très petit nombre de convertis, il ose préparer une manifestation publique du culte catholique. Sur son ordre une procession s'organise, qui doit traverser la ville, bannières déployées. C'était une dangereuse audace : la population calviniste se soulève et une bataille commence dans la rue ; les catholiques allaient être écrasés, lorsque François se montre dans la majesté de sa douceur ; de ses lèvres tombent des paroles de miel, et les colères s'apaisent à l'instant, et le calme succède à l'orage. C'est toujours l'agneau, qui triomphe des tempêtes populaires, comme il avait triomphé des assassins, comme il avait triomphé des éléments. *Agnum !*

O doux apôtre, je vous admire et je reconnais que vous êtes bien un agneau par la douceur ; mais la conquête, mais la domination de cette terre hérétique, je l'attends et je ne l'entrevois pas. Quand est-ce donc que l'hérésie fera place à la vérité catholique, et que, votre douceur ayant subjugué les âmes, vous règnerez sur elles : *Dominatorem terræ ?*

Il plait à Dieu, M. F., d'apporter quelquefois à l'œuvre et au triomphe de sa grâce des lenteurs qui déconcertent les impatiences humaines, mais qui ne découragent pas les saints. Il faut à François de Sales quatre ans d'admirable patience et d'héroïque douceur ; il faut que cette douceur brille comme un soleil, au ciel du Chablais, et que le doux apôtre apparaisse, en cette lumière, visiblement marqué du signe divin. Alors les populations s'ébranlent, et l'élan, une fois donné, ne s'arrête plus. Les ministres confondus se taisent ou se convertissent ; devant l'agneau vainqueur l'hérésie recule et s'enfuit ; le culte catholique est restauré dans toutes les paroisses, et le drapeau de Calvin fait place à l'étendard catholique qui flotte sur le Chablais reconquis.

Je vous salue, doux conquérant, agneau victorieux ! A votre départ d'Annecy, vous me sembliez téméraire ; j'ai compris maintenant l'œuvre divine ; j'ai compris l'irrésistible puissance de la douceur évangélique. Gloire à vous, agneau vainqueur et dominateur ! *Agnum dominatorem terræ !*

M. F., on nous demande quelquefois les preuves de la mission surnaturelle et divine de l'Eglise et nous n'avons pas de peine à les donner. L'arsenal de l'apologétique chrétienne est vaste et bien garni ; le soldat catholique y trouve toutes les armes nécessaires, selon l'opportunité des temps et des lieux.

Pour vous, compatriotes de saint François de Sales, vous n'avez pas besoin d'aller prendre à cet arsenal : votre saint vous suffit ; il est à lui seul une démonstration complète. Que le Rationalisme contemporain m'explique comment un homme tout seul, sans appui, sans ressource, sans autre moyen que la douceur, a pu triompher en quelques années de toutes les forces de l'hérésie, convertir près de 80,000 hérétiques, relever toutes les églises du Chablais, faire de ce pays l'un des plus catholiques du monde, que le rationalisme m'explique ce prodige, ou plutôt cette série de prodiges, d'une manière purement humaine, et je déclare que je deviens moi-même rationaliste. Mais s'il est évident que les prodiges, accomplis par François, ne sont qu'un miraculeux épanouissement de cette force divine dont l'Eglise catholique est le foyer, eh bien, vous ne pouvez pas hésiter : inclinez-vous et croyez : croyez à l'Eglise inspirée, soutenue, fécondée par Dieu, croyez à Dieu vivant et agissant dans son Eglise et couronnant la douceur de ses apôtres du plus beau des triomphes : *Beati mites, quoniam ipsi possidebunt terram!*

Vous venez de voir le premier et beau rayonnement de la douceur de François ; Annecy, le second sera pour vous, plus beau, plus brillant encore que le premier. Vous aurez l'honneur, vous aurez la gloire d'avoir pour Evêque, l'apôtre du Chablais. Placé sur le chandelier de l'Eglise, il y brillera d'un vif éclat, il fera votre admiration et l'admiration de son siècle, mais toujours par la douceur. Je vais montrer cette seconde manifestation de la douceur de François de Sales.

II

Douceur de l'Evêque.

L'Eglise catholique a le privilège d'avoir enfanté, dans tous les siècles, des saints qui forment sa couronne immortelle et qui sont aussi l'éternel honneur de l'humanité. En regardant derrière moi, dans les lointains du passé, je m'incline, avec un respect mêlé d'admiration, devant ces grandes figures de Pontifes, d'Evêques qui m'apparaissent dans la gloire du génie et de la sainteté ; et quand l'Eglise n'aurait pas d'autre titre que d'avoir donné le jour à des hommes pareils, il faudrait reconnaître et confesser sa fécondité surnaturelle. Cependant, je vous l'avoue, parmi ces figures glorieuses, que l'Evêque ne doit pas cesser de contempler, parce qu'elles sont pour lui d'admirables modèles, aucune ne m'inspire plus de vraie sympathie que celle de notre incomparable François de Sales ; je l'aime et je ne puis m'empêcher de l'aimer plus que tous les autres, parce qu'il a été le plus aimable, le plus affable, le plus condescendant, le plus doux des pontifes que je connaisse : *Vir mitissimus super omnes homines qui morabantur in terrâ* (1).

(1) Num, XII, 3.

Sa douceur vous la connaissez déjà ; vous en avez vu le premier et merveilleux épanouissement. Que ne sera-t-elle pas, quand la charité aura transformé ce cœur d'apôtre et qu'il sera devenu le cœur du pontife et de l'Evêque. L'Evêque, il porte dans ses entrailles un foyer brûlant de charité divine : *Charitas christi urget nos* (1).

Et l'effet de la charité au cœur de l'Evêque, savez-vous savoir quel il est? Vous allez l'apprendre de saint Augustin : *Charitas nutrix, charitas mater est* (2). La charité est une nourrice, la charité est une mère. Et en vérité, ajoute Bossuet, « Nous lisons dans les Ecritures que la charité a des enfants ; elle a des entrailles où elle les porte ; elle a un lait qu'elle leur donne ; il ne faut donc pas s'étonner, si elle change ceux qu'elle possède, et surtout les conducteurs des âmes, ni si elle adoucit leur humeur et leur inspire des sentiments maternels. »

Mères, vous comprendrez ce langage, vous qui êtes ici bas la plus saisissante figure, le plus vivant symbole de la charité que Dieu met dans nos âmes. Ces êtres chéris, qui sont le fruit de vos entrailles, vous les aimez au delà de tout ce que je pourrais dire, autant que vous mêmes, plus que vous mêmes, et je me sens impuissant à faire comprendre la largeur, la profondeur, la vivacité, les industries, les abaissements, les délicatesses, la douceur infinie de votre amour.

Eh bien, ce sont tous ces sentiments sublimes qui

(1) II Cor. V, 14.

(2) Ad Marcel, ep. CXXXIX, n. 2.

font battre vos cœurs, que Dieu met au cœur de l'Evêque ; car il y met la charité, et la charité est une mère, et elle n'ignore aucun des mystères d'amour de la maternité. *Charitas mater est.*

Mais hélas, pourquoi faut-il que la mesure, donnée par Dieu, ne soit pas la même pour tous, et que, dans la charité, comme ailleurs, comme partout, il y ait des inégalités, des différences, des degrés ? Pourquoi faut-il que nous ne puissions pas tous aimer d'une manière parfaite, et que nous soyons condamnés à regarder cette inimitable figure de saint François de Sales, avec le désespoir de l'égaler jamais ? Je ne veux pas me plaindre ; je préfère admirer, et j'admire, dans l'Evêque de Genève la plus belle incarnation de cette charité catholique, toute embaumée de bonté, toute parfumée de maternelle douceur. Son Episcopat a été, passez moi le mot, un épiscopat maternel.

Il arrive à Annecy, où il n'aura pas de maison épiscopale. Il en tiendra une à loyer, ne disposant pour lui que d'une chambre humide et mal éclairée. Cette gêne ne troublera pas la douce égalité de son âme : « *Povero si, ma contento,* » aimait-il à répéter souvent ; « je suis pauvre, mais je suis content », « je veux mourir avec la gloire de n'avoir rien à moi ; c'est là mon ambition. »

Notez, en passant, ce premier trait de douceur dans le détachement. Est-ce que la mère ne s'oublie pas toujours ? Est-ce qu'elle peut penser à elle-même, pourvu que ses enfants ne manquent de rien ? Mais la charité est une mère ; et François, s'oubliant toujours, pourra toujours dire avec une ineffable sérénité : « Je ne suis jamais mieux que lorsque je suis mal ; »

ou bien encore : « J'use des biens de ce monde comme les chiens des bords du Nil, qui boivent l'eau du fleuve en courant, de peur d'être attrapés par les crocodiles. »

Les pauvres assiègent sa maison épiscopale, et ils sont les bienvenus ; c'était facile à prévoir. François les accueille avec cette douce bonté qui ne sait pas se démentir, et il donne, il donne encore, il donne toujours, il donne tout, au grand désespoir de Rolland, ce fidèle et légendaire économe. On lui fait des observations en apparence très sages, quelquefois sévères ; on lui parle de prudence ; il répond en souriant : « Je ne sais pas ce que m'a fait cette vertu, mais je ne l'aime que par devoir, et je préfère la charité. » Il avait raison : est-ce que la mère sait et peut compter, quand il s'agit des besoins de ses enfants ? *Charitas mater est.*

On s'empresse autour de lui et sa maison ne désemplit pas : les uns viennent demander des conseils, les autres recevoir des encouragements, d'autres des consolations. On ne lui laisse pas une minute de repos, et les gens de service se fâchent contre les importuns ; mais lui, on ne surprendra jamais sur sa figure le moindre signe d'impatience ou d'humeur : c'est toujours l'inaltérable douceur de l'infatigable charité.

Quelquefois il ajoute à sa mansuétude une saillie de son esprit charmant.

Voulez-vous me permettre, femmes chrétiennes, d'en citer une qui vous concerne ? Quelqu'un lui observant un jour qu'il ne comprenait pas pourquoi les femmes allaient toujours après lui, qui ne leur disait pas grand chose. « Eh, reprit-il gaîment, appelez-vous donc rien de leur laisser tout dire ? elles ont plus besoin qu'on ait des oreilles pour les entendre, qu'une langue pour leur parler. Elles en disent assez et pour elles et pour moi. »

Un autre jour, son frère l'Evêque de Chalcédoine, ayant laissé paraître une légère impatience, voici comment il fut repris par le doux prélat : « Savez-vous qu'il y a une personne, dans le monde, que vous avez rendue bienheureuse ? C'est celle qui eût été votre femme, si vous vous fussiez marié..... Voyez-vous : nous autres Evêques nous ne devons jamais nous refuser à personne, si nous voulons faire notre devoir. Il faut que nous soyons comme ces grands abreuvoirs publics, où tout le monde a le droit de puiser, où non-seulement les hommes, mais les bêtes et les serpents même viennent se désaltérer. »

O doux Evêque, que de charité, et qu'il est vrai que la charité est la meilleure des mères ! *Charitas mater est !*

4° Vous ne vous étonnerez pas maintenant que cette douceur surhumaine ait conservé son égalité parfaite devant l'épreuve, la calomnie, l'injure ; car l'injure et la calomnie notre saint les a connues ; il ne pouvait pas échapper à la béatitude évangélique : *Beati eristis, cum maledixerint vobis..... et dixirint omne malum adversum vos.* Vous serez heureux quand on vous maudira, quand on dira toute espèce de mal contre vous. Mais l'injure et la calomnie l'ont toujours laissé impassible et n'ont pu qu'effleurer son âme, toute cuirassée de douceur.

Des misérables vont l'insulter, le soir, à la porte

de sa maison et passent la nuit à faire un vacarme infernal. Les gens de la maison veulent sortir en armes. « Gardez-vous en bien, fait le doux prélat ; hélas ! ils sont plus à plaindre que nous. Au moins nous sommes ici chaudement et à couvert, et eux doivent être transis de froid. »

Un gentilhomme l'accable d'injures, et en vient jusqu'à le menacer. « Monsieur, lui répond-il, si cela vous est loisible, vous pouvez bien m'arracher un œil, mais vous ne m'empêcherez pas de vous regarder de l'autre avec le même amour. »

Parole héroïque, écho d'une charité sublime et plus douce que la plus tendre des mères : *Charitas mater est !*

Que dirai-je maintenant des œuvres de son Episcopat et du gouvernement de son diocèse ?

Il était venu à une époque difficile : l'hérésie protestante avait partout ébranlé la foi ; un souffle d'indépendance avait pénétré dans l'Eglise elle-même, et l'esprit du siècle avait fait son entrée dans le cloître ; Il y avait donc à réformer.

On a dit que François de Sales avait moins vocation de réformateur que de fondateur, par cette raison que les réformes sont plutôt l'œuvre de la force, et les fondations, celle de l'amour. Je ne puis partager cette opinion, et je crois au contraire que la force ne réforme rien. Une réforme, dans l'ordre religieux et moral, n'est possible et ne devient durable qu'autant qu'elle atteint les âmes et les cœurs ; or les âmes et les cœurs ne se livrent jamais à la force : c'est l'amour qui les subjugue ; c'est la douceur qui en fait la conquête. La méthode de la Providence est la seule bonne, la seule qu'il convienne d'appliquer à tous et partout; elle va au but fermement, mais toujours par les chemins de la douceur et de la suavité : *Disponens omnia suaviter.*

Saint François-de Sales fut donc fondateur et réformateur au même titre :

Il fonda cet ordre célèbre de la Visitation, où son esprit s'est pour ainsi dire incarné, où il revit tous les jours dans ces saintes filles du cloître, qui sont des anges de charité et de douceur.

Il réforma les abbayes d'Abondance, de Talloires, de Sixt, où la force n'eût rien fait, où la mansuétude obtint tout. Il réforma son clergé, et resserrant peu à peu, avec bonté, avec paternité, les liens relâchés de l'ancienne discipline, il eut bientôt des prêtres modèles. Prêtres d'Annecy, confrères vénérés, dans ce clergé de France, si justement admiré du monde entier, vous occupez une belle place, une place d'honneur, par l'intelligence, par le talent, par le savoir, par la piété, par le zèle, par toutes les vertus sacerdotales ; vous continuez ici de nobles et saintes traditions ; mais quand je regarde à travers bientôt trois siècles, je trouve que ces traditions se rattachent à François de Sales ; je trouve que vous avez reçu, que vous recevez encore le doux rayonnement de son esprit et de ses vertus.

L'apostolat des œuvres suppose ordinairement celui de la parole, et la parole de François fut une parole merveilleuse : Comment pourrai-je en redire la suavité pénétrante, le charme séducteur ?

Il voulait que l'évêque prêchât, qu'il prêchât souvent ; et lui-même, joignant l'exemple au conseil, ne refusa jamais aucune prédication. « J'ai plutôt fait un sermon, disait-il, avec une débonnaireté charmante, que de dire nenni. » Il avouait avant sa mort avoir prêché plus de 4,000 sermons. Sa méthode de prédication était toute simple ; cette *rhétorique d'Annecy* ou *plutôt du ciel*, qui produisait des effets admirables, était tout entière dans l'amour et la douceur : *In patientià et doctrinà*. « Hardiment et courage, écrivait-il à l'archevêque de Bourges, qui ne prêchait pas ; il n'est rien d'impossible à l'amour. N.-S. ne demanda pas à Pierre : Es-tu savant ? es-tu éloquent ? pour lui dire : Pais mes brebis ; *Pasce oves meas ;* mais bien : M'aimes-tu ? *amas me* ? Il suffit de bien aimer pour bien dire. »

Et en effet le doux évêque n'avait qu'à ouvrir son cœur si aimant ; il en sortait une éloquence d'un charme irrésistible ; ses lèvres distillaient le lait et le miel, parce que sa parole était l'écho de la charité, de la tendresse, de la mansuétude maternelles : *Charitas mater est* !

Il est un lieu où la parole de l'apôtre pénètre les âmes plus directement, un tribunal de miséricorde où elles vont se dévoiler, avec leurs défaillances, leurs misères, leurs blessures profondes. Là, que de mystères de grâce, d'amour et de pardon ! Ce lieu devait être et il fut le théâtre des triomphes cachés, mais des plus beaux triomphes de François. J'en appelle à ces milliers de pécheurs qui assiégeaient nuit et jour le tribunal du miséricordieux évêque, dont l'âme s'embrasait au feu de sa charité, dont les larmes de repentir se mêlaient à ses larmes de joie. J'en appelle à ces âmes d'élite qu'il discernait si bien, qu'il élevait doucement, sans effort, jusqu'aux sommets les plus ardus de la perfection chrétienne. Sainte Françoise de Chantal, et vous premières fondatrices de la Visitation, vous devriez nous dire ce que vous avez tant de fois entendu, ce qu'ont éprouvé vos âmes saintes, pour nous donner une idée de la douceur, des effusions, des délicatesses, des tendresses de sa charité. *Charitas mater est!*

L'épiscopat de François de Sales fut donc le triomphe de la douceur ; elle a séduit et conquis la Savoie catholique, comme elle avait conquis le Chablais hérétique. Mais la Savoie ne fut pas la seule conquête de cette douceur victorieuse : j'y ajoute la France et l'Italie.

En France, pendant son séjour à Paris, il fascina la foule, qui ne se lassait pas de l'entendre et le poursuivait dans toutes les églises ; il fit les délices de la cour où le grand roi Henri IV s'était épris de lui et déclarait « que M. de Genève lui avait fait un mal dont il ne guérirait jamais ; qu'il l'avait dégoûté de tous les autres prédicateurs. »

En Italie le clergé de Rome l'avait en admiration ; les souverains pontifes l'honorèrent de leur amitié ; il refusa l'archevêché de Turin, comme il avait refusé celui de Paris, et il ne tint qu'à lui de revêtir la pourpre romaine. Il repoussa toutes les grandeurs et toutes les gloires humaines, car le plus doux des évêques était aussi le plus humble : douceur et humilité se tiennent, elles habitent ensemble dans le cœur adorable de N.-S. ; elles furent inséparables dans celui de François ; il resta fidèle jusqu'à la fin à son Eglise bien aimée : *In nidulo meo moriar* (1). Je mourrai dans mon petit nid.

Vous y mourrez, doux et humble évêque, ou du moins si la France recueille votre dernier soupir, Annecy aura vos cendres, et son amour, sa reconnaissance, sa piété filiale feront la garde autour de votre tombeau. Mais en dépit de votre humilité, votre douceur aura obtenu un second triomphe : elle aura conquis la Savoie, la France, l'Italie, l'admiration de tous vos contemporains.

Il me reste, M. F., à vous exposer un troisième et dernier triomphe de la douceur de François de Sales, plus vaste et plus glorieux encore que les deux autres : c'est son rayonnement dans l'Eglise, à travers les siècles, et l'admiration qu'elle y provoque : c'est la réalisation entière, complète, la plus étendue que je connaisse de la béatitude évangélique : *Beati mites, quoniam ipsi prossidebunt terram !*

III

Douceur du Docteur.

Il y a quelques années Annecy était dans l'allégresse : cette basilique avait tressailli de joie et ces vastes nefs étaient trop étroites pour la foule, qui les inondait. Dans ce sanctuaire, seize princes de l'Eglise s'étaient donné rendez-vous, et ils faisaient entendre,

(1) Job. XXIX, 18.

à tour de rôle, de cette chaire où je parle, les plus beaux accents de l'éloquence chrétienne ; et cette fête splendide n'était pas circonscrite aux limites d'Annecy ; elle avait son écho dans tout l'univers catholique.

Que s'était-il donc passé ? Vous étiez tous ici, M. F., pour applaudir au triomphe de votre illustre compatriote ; Rome venait de placer sur son front une couronne nouvelle ; il vous apparaissait avec l'auréole brillante de docteur de l'Eglise ; il prenait place à côté de ces hommes, de ces saints extraordinaires, qui sont pour nous les représentants les plus glorieux de la vérité catholique. Le Souverain Pontife avait glorifié François de Sales et l'avait signalé pour jamais à l'admiration des siècles.

Je le salue l'apôtre du Chablais, l'évêque de Genève, je le salue donc avec joie Docteur de l'Eglise universelle ; toutefois il n'est pas un docteur comme un autre, et j'ai besoin d'expliquer ma pensée à ce bel auditoire.

Dieu me garde, M. F., de vouloir amoindrir au profit de votre saint, la valeur et la gloire de ces hommes prodigieux, de ces grandes lumières de l'Eglise qu'on appelle saint Jérôme, saint Jean Chrysostôme, saint Basile, saint Grégoire, saint Ambroise, saint Augustin, saint Bernard, saint Thomas, pour ne citer que les plus éminents. Je les admire, je les vénère, je les aime, et je voudrais pouvoir ne jamais faire autre chose que me réchauffer et m'éclairer à ces foyers magnifiques de chaleur et de lumière.

Et pourtant ces gloires de l'Eglise, ces savants

admirables, ces illustres docteurs, qu'ils me pardonnent, si la vérité me condamne à leur dire que saint François de Sales leur est supérieur en un point : sans doute il a sa place à côté d'eux par sa science de théologien, d'apologiste et de controversiste ; le pape Clément VII ravi de son savoir, le félicita publiquement dans l'assemblée des cardinaux ; les cardinaux Duperron et de Bérulle l'estimèrent le plus savant théologien du siècle ; le cardinal de Retz ne croyait pas « que l'Eglise eût eu un plus savant docteur depuis saint Augustin et saint Thomas. » Il était donc bien digne d'entrer dans cette brillante phalange des docteurs de l'Eglise. Toutefois, il est un caractère qui distingue François de Sales, et qui lui donne, au milieu des docteurs, une physionomie à part, c'est la douceur de la doctrine, égale, chez lui, à la douceur de l'apostolat et de l'épiscopat.

Il est beau sans contredit de s'élever dans les régions de la lumière, de la contempler face à face, de redescendre ensuite de la montagne sainte, le front rayonnant, comme autrefois le législateur des hébreux, pour dévoiler au monde les trésors inconnus de la vérité ; oui, c'est beau ; mais il est encore plus beau, et certainement il est plus rare de rendre la vérité aimable, gracieuse, de la conduire à l'intelligence par le chemin du cœur. Ce chemin, n'en doutez pas, est le plus sûr et souvent l'unique pour arriver à l'esprit. Vous abordez celui-ci directement, avec une parole entraînante, des raisons décisives, une démonstration irréfutable ; vous êtes un savant, un érudit, un miracle d'éloquence ; et cependant l'esprit vous résiste ; il est rebelle à votre parole, et vous

vous étonnez ? Regardez plutôt : devant l'esprit voyez-vous le préjugé, la passion, quelquefois toutes les passions ? Voyez-vous ces nuages qui montent du cœur et obscurcissent l'intelligence ? Enlevez d'abord ces obstables ; dissipez ces nuages ; la lumière alors arrivera sans encombre ; prenez le cœur, l'esprit vous appartient.

Je touche là, M. F., un point très important, et mes observations s'appliquent à notre époque autant qu'à celle de saint François de Sales. S'il avait affaire à des ennemis ardents de l'Eglise catholique, nous sommes, nous, à l'heure actuelle, en présence d'ennemis non moins ardents et plus nombreux. Il faut les combattre ; c'est notre devoir ; mais avec quelles armes ? Ici je n'hésite pas à me séparer de ces polémistes dont je reconnais le dévoûment, le talent, les qualités brillantes, mais dont je désapprouve la manière agressive et blessante. Leur esprit est un carquois, leur parole une flèche acérée, leur plume une épée qui frappe et qui blesse : toute cette armure ne vaut pas une once de douceur. J'ai toujours regardé comme une méthode maladroite de blesser ceux qu'on veut ramener ; d'humilier ceux qu'on veut convertir. Vous faites une blessure à l'amour propre : les blessures de l'amour propre ne guérissent jamais ; vous humiliez votre contradicteur : il vous garde une rancune éternelle. Ne me dites pas qu'il est bon de réduire ses ennemis au silence par la crainte qu'on leur inspire ; vous vous trompez : ils ne se taisent pas, ou s'ils se taisent, ce n'est que pour crier plus fort bientôt après. « La crainte est un mauvais serviteur ; quand elle finit, c'est la haine qui commence (1). » Plût à Dieu, qu'on eût mieux compris ces choses, à notre époque, et qu'on n'eût jamais engagé la polémique chrétienne dans des voies qui ne sont pas celles de la charité évangélique.

Les idées que j'exprime sont celles de saint Augustin : il voulait qu'on ramenât les hérétiques « plutôt par des témoignages de charité que par des contentions échauffées. » Bossuet commente admirablement ces paroles de saint Augustin : « L'ardeur de celui qui dispute peut naître du désir de vaincre ; la compassion est plus agréable qui montre le désir de sauver. Un homme peut s'aigrir contre vous, quand vous choquez ses pensées ; mais il vous sera toujours obligé que vous désiriez son salut. Il craint de servir de trophée à votre orgueil, mais il ne se fâchera jamais d'être l'objet de votre charité. Entrez par cet abord favorable ; n'attaquez pas cette place du côté de cette éminence où la présomption se retranche... approchez par l'endroit le plus accessible, et par ce cœur qui s'ouvre à vous, tâchez de gagner l'esprit qui s'éloigne. »

Cette méthode marquée au coin de la charité divine, fut celle de François de Sales ; s'il est docteur par l'étendue et la profondeur de la doctrine, il l'est plus encore par l'ascendant irrésistible de la charité. — Vous qui avez à combattre, et quel est celui qui ne doit pas combattre aujourd'hui pour Dieu, pour l'Eglise, pour la vérité ? Vous qui luttez par la parole et par la plume, regardez le bien : c'est votre parfait modèle.

(1) Tacite.

Il a ramené les esprits les plus indociles et les plus farouches ; près de 80,000 hérétiques ont été convertis par ses écrits, ses prédications, ses conférences ; eh bien, consultez ses contemporains : ils vous diront tous qu'on n'a jamais surpris, sur ses lèvres, une parole d'amertume. Lisez ses ouvrages, même ses ouvrages de controverse ; vous n'y trouverez pas un mot blessant pour qui que ce soit. « Si j'ai eu le bonheur, disait-il lui-même, de ramener quelques hérétiques, c'est la douceur qui en a fait la conquête. L'amour et l'affection ont plus d'empire sur les âmes, je ne dis pas seulement que la sévérité et la rigueur, mais que la force même des raisons. »

La force des raisons d'autres en disposaient peut être mieux que François de Sales et à un degré supérieur. Ils ont déclaré qu'elle était impuissante ; témoin cet aveu du cardinal Duperron : « J'ai assez de science pour convaincre tous les hérétiques ; l'évêque de Genève a la grâce pour les convertir. » — Cette grâce c'était la douceur qui s'insinue, qui pénètre, qui captive, qui désarme, qui subjugue et à laquelle rien ne résiste. Elle fut le caractère doctrinal de saint François de Sales : Il enseigna avec douceur ; il combattit avec douceur ; il fut victorieux par la douceur ; je le salue *Docteur de la douceur*.

Ce caractère doctrinal vous explique déjà comment il fut aussi le *docteur de la piété*. C'est à ce point de vue peut être qu'il est plus connu, plus apprécié, plus aimé, et que sa gloire n'a pas de rivale.

J'ai lu quelque part que la piété avait disparu à l'époque de saint François de Sales ; cette affirmation est peut être exagérée ; mais toujours est-il, que si la piété n'avait pas disparu, elle était singulièrement amoindrie dans toutes les classes.

Permettez-moi de rappeler qu'au XVIe siècle un vaste mouvement venait de se produire dans les idées, ce mouvement qui porte, dans l'histoire, le nom de *Renaissance.* Il s'était accompli en dehors de l'Eglise et contre l'Eglise ; il avait été un retour à la littérature païenne, à l'art païen, aux mœurs païennes ; il avait eu pour conséquence l'abandon de la morale évangélique et le déclin de la foi catholique.

Je rappelle d'autre part que le protestantisme, qui avait profité très habilement de ce mouvement opportun, pour tout bouleverser, n'avait rien trouvé qui fut capable de remplacer les dogmes catholiques. Le doctrinaire de la réforme, le sombre Calvin n'avait enseigné qu'une doctrine désespérante, qu'un fatalisme brutal.

Voyez-vous les deux caractères du siècle : d'une part, dans l'Eglise un affaiblissement déplorable de l'esprit religieux ; de l'autre, dans la nouveauté protestante, des dogmes rebutants, une théologie de feu. Dans un milieu pareil, que pouvait devenir la *piété*, qui unit doucement l'âme à Dieu, qui vit de sentiment, de confiance et d'amour ? Pauvre abandonnée, elle avait quitté le monde où on la rebutait, et ne trouvait d'asile qu'au fond de quelques cloîtres.

Saint François de Sales me parait être l'homme providentiel, l'homme suscité par Dieu, pour renouer la chaîne rompue des traditions chrétiennes, pour être comme le trait d'union entre les temps anciens et les temps modernes, pour aller prendre par la main la dévotion exilée, et la ramener, de sa retraite obscure, au milieu du monde toute renouvelée et toute rajeunie.

Il m'apparaît, au milieu d'un siècle sceptique et frondeur, comme une démonstration aimable, gracieuse, séduisante mais décisive ; et que démontre-t-il ? Le voici :

Que la sève catholique n'est pas éteinte, comme le vocifère la réforme, mais que l'Eglise reste toujours bien vivante, bien féconde, avec les promesses immortelles du Christ.

Que, pour se sauver, il ne faut pas faire beaucoup de bruit, ni des choses merveilleuses ;

Que la piété véritable ne fleurit pas seulement dans le cloître, mais partout ailleurs, dans tous les climats, sous toutes les latitudes, dans toutes les conditions, dans le monde comme dans les couvents, sous les lambris dorés, comme sous le chaume où la pauvreté s'abrite ;

Que la dévotion bien entendue n'a jamais l'air triste, qu'elle n'est incommode à personne et montre à tout le monde une figure aimable, un visage souriant ;

Qu'il n'est pas nécessaire qu'elle se produise avec un appareil d'austérités, avec les jeûnes, le cilice, la haire ; que tout cela est très facultatif et que la piété peut fort bien s'en passer, « qu'il vaut mieux quelquefois retenir une parole défendue que porter la haire. » « Qu'il vaut mieux endurer une chiquenaude avec deux onces d'amour que souffrir le martyre avec une once de même amour. »

En résumé : que la piété a son siège à l'intérieur, ses racines dans l'âme et que, pour l'entretenir et la développer, il suffit de l'arroser de confiance et d'amour.

Cette doctrine qui nous paraît toute simple aujourd'hui, semblait une nouveauté à la fin du XVIe siècle. Je le répète elle fut une démonstration, une démonstration dirigée contre l'esprit sceptique du siècle et le rigorisme calviniste, une démonstration dirigée aussi d'avance et providentiellement contre le jansénisme cet enfant bâtard du calvinisme.

Conduite dans le monde par saint François de Sales avec cet air aisé, cet abord facile, cet extérieur aimable, la piété y trouva partout bon accueil ; elle eût bientôt repris le terrain perdu, et reconquis l'empire des âmes. Chacun put répéter la parole joyeuse de la comtesse de Ville-Savin « François de Sales m'a appris à aimer Dieu à la franche Gauloise. »

Cette révolution pacifique, dans le monde religieux, était encore, vous le voyez, œuvre d'amour et de douceur. Amour et douceur : la doctrine de saint François de Sales est là toute entière. Il n'y a pas autre chose dans ces *Entretiens spirituels*, qui sont le code parfait de la vie religieuse. Il n'y a pas autre chose dans cette célèbre *Introduction à la vie dévote*, chef-d'œuvre de discernement, de fine observation, de conseils judicieux, d'onction si persuasive. Il n'y a pas autre chose enfin dans cet admirable traité *De l'amour de Dieu*, « *écrit tout entier sur son cœur* », photographie ravissante de ce cœur si aimant, qui était tout à la fois le sanctuaire et de la science et des ardeurs divines de l'amour.

Docteur de la douceur et de la piété, type accompli de l'Evêque, modèle achevé de l'Apôtre, gloire de notre Savoie, gloire de l'Eglise et du monde, je vous salue une dernière fois, je vous salue dans votre béatitude, dans ce triomphe universel de votre douceur : *Beati mites quoniam ipsi possidebunt terram !*

Permettez-moi, en terminant ce trop long discours, de vous raconter et de vous appliquer une fiction très gracieuse, que j'ai lue dans un ancien poète.

D'après le récit de ce poète, il se passait quelque chose de merveilleux au tombeau d'Orphée, qui fut, dit-on, le père de la musique et de la poésie : Quand l'oiseau musicien, qui réjouit nos bosquets au printemps, venait se poser sur la pierre de ce tombeau, il se dégageait de cette pierre, de la cendre qu'elle recouvrait une vertu magique, qui montait au gosier du Rossignol et lui faisait dire de ravissantes mélodies.

Annecy vous avez un tombeau, un tombeau bien glorieux. Il recouvre la cendre de celui qui ne fut pas seulement un grand artiste, un grand poète, mais qui laisse bien loin, derrière lui, tous les poètes, tous les artistes, et dont la vie, les vertus, la sainteté, les écrits, la parole ont été la plus ravissante de toutes les poésies, la plus divine de toutes les harmonies. Il me semble que de ce tombeau sacré se dégage comme un parfum qui embaume l'air que vous respirez, comme une mélodie chrétienne qui doit pénétrer vos âmes et vos cœurs et vous faire redire à vous aussi les saintes harmonies de la foi.

Vous avez la garde de ce tombeau : il est confié à votre patriotisme et plus encore à votre piété. Ce beau privilège vous engage d'honneur à rester fidèles aux traditions de votre foi, à vous montrer toujours digne de celui qui fut votre citoyen, votre Evêque, votre père et dont la gloire rejaillit sur vous avec tant d'éclat. Si la foi catholique pouvait jamais être bannie de notre chère Savoie, elle trouverait ici, je n'en doute pas, au milieu de vous, près de ce tombeau, un refuge assuré, un asile inviolable. L'esprit de saint François de Sales plane sur cette religieuse cité ; il la protège, il la garde, il la défend ; il l'a défendra toujours et l'impiété contemporaine n'y pénétrera jamais.

Soyez lui donc fidèles ; restez à jamais sa conquête ; assurez-lui jusqu'à la fin des siècles le triomphe de sa béatitude : *Beati mites, quoniam ipsi possidebunt terram.*

Ainsi soit-il !

Moûtiers. — Imp. Cane Sœurs, succ. de Marc Cane

www.ingramcontent.com/pod-product-compliance
Ingram Content Group UK Ltd.
Pitfield, Milton Keynes, MK11 3LW, UK
UKHW022317170726
13837UKWH00005BA/2041